MUST READ — ANALISI DEL LIBRO

AF143558

Lettere a un giovane poeta

· · · · · · · · · · · · · · · ·

RAINER MARIA RILKE

ANALISI DEL LIBRO

Scritto da Vincent Guillaume
Tradotto da Sara Rossi

Lettere a un giovane poeta

RAINER MARIA RILKE

RAINER MARIA RILKE

SCRITTORE AUSTRIACO

- **Nato a Praga nel 1875**
- **Morto a Montreux (Svizzera) nel 1926**
- **Opere degne di nota:**
  - *Dream-Crowned* (1896), raccolta di poesie
  - *I quaderni di Malte Laurids Brigge* (1910), romanzo
  - *Lettere a un giovane poeta* (1929), raccolta di lettere

Rainer Maria Rilke, nato a Praga nel 1875, è considerato uno dei più grandi poeti di lingua tedesca della *Jahrhundertwende* ("fine del secolo"). Viaggiatore, amico di Rodin e ammiratore di Cézanne, fu una figura emblematica del dialogo artistico.

Autore simbolista, sostenitore dell'indipendenza dell'opera d'arte, poeta perspicace e introverso, Rilke ha lasciato una fitta opera a cui si aggiungono le lettere e i saggi sull'arte. È particolarmente noto per le *Elegie duinesi* e per i suoi "poemi-cosa", in particolare *La pantera*. Morì di leucemia nel 1926.

LETTERE A UN GIOVANE POETA

UN'INSOLITA RACCOLTA DI LETTERE

- **Genere:** raccolta di lettere
- **Edizione di riferimento:** Rilke, R. (2004) *Lettere a un giovane poeta*. Trans. Herter Norton, M. D. New York: Norton.
- **1ª edizione:** 1929
- **Temi:** poesia, creazione, arte, alunnato, iniziazione, apprendimento

Le *Lettere a un giovane poeta* sono risposte che Rilke rivolge alle lettere del giovane Franz Xaver Kappus, che chiede il suo consiglio e la sua opinione sulla sua poesia. Rilke lo incoraggia a non preoccuparsi delle opinioni altrui e a imparare a guardare dentro di sé. Inizia così il loro scambio, in cui Rilke spiega il suo punto di vista sull'arte come stile di vita.

Questa corrispondenza tra il poeta e il suo sconosciuto ammiratore durò dal 1903 al 1908. Fu lo stesso Kappus a pubblicare postumo le lettere nel 1929 (tre anni dopo la morte di Rilke), senza includere quelle che egli stesso aveva inviato.

SINTESI

LETTERA 1 (PARIGI, 17 FEBBRAIO 1903)

A Franz Xaver Kappus, che gli ha scritto per inviargli alcune poesie di sua composizione, Rilke risponde che la sua opinione non deve essere presa in considerazione, poiché la critica non consente un approccio corretto a un'opera. "Le cose non sono tutte così comprensibili ed esprimibili come si vorrebbe far credere" (p. 17). Per Rilke, le opere sono entità misteriose e molto di ciò che accade in esse non è come viene descritto.

Conclude che i versi di Kappus mancano ancora di carattere, ma che riesce a percepire i tentativi di raggiungere qualcosa di più personale. Perciò Rilke gli consiglia di smettere di chiedere l'opinione degli altri, e di guardare invece dentro di sé e di chiedersi quali siano le ragioni per cui scrive, per trovare una "risposta profonda". L'esperienza personale non è mai un soggetto troppo povero per un vero poeta, e "[un] lavoro d'arte è buono se è nato dalla necessità" (p. 20). D'altra parte, la semplice constatazione di poter vivere senza scrivere è sufficiente per dover smettere di farlo.

LETTERE 2 E 3 (VIAREGGIO [ITALIA], 5 APRILE 1903 E 23 APRILE 1903)

Rilke raccomanda a Kappus le opere di Jens Peter Jacobsen (scrittore danese, 1847-1885). Lui e lo scultore Auguste Rodin (scultore francese, 1840-1917) sono i due creatori da cui ha imparato di più. Nella terza lettera, quando Kappus ha iniziato a leggere le opere di Jacobsen, Rilke lo incoraggia a continuare la lettura. Concorda con la sua opinione sfavorevole riguardo all'introduzione critica di *There Should Have Been Roses* e gli ricorda di non ascoltare le proprie impressioni, che devono evolvere liberamente e senza limiti nel tempo. "Essere un artista non significa fare i conti e contare, ma maturare come l'albero che non forza la sua linfa" (p. 30), spiega. Secondo Rilke, nella creazione come nella comprensione artistica, la pazienza è essenziale.

LETTERA 4 (WORPSWEDE [GERMANIA], 16 LUGLIO 1903)

Mentre Kappus si pone apparentemente grandi domande sulla vita e sul sesso, Rilke lo avverte che nessuno può aiutarlo, ma che può trovare pace aggrappandosi alla natura e alle cose semplici. Deve imparare ad amare le sue domande e non cercare risposte che sono ancora inaccessibili per lui e che gli impedirebbero di vivere I suoi quesiti: "Il punto è vivere tutto. Vivere le domande ora" (p. 35). Deve sempre accogliere tutto ciò che nasce naturalmente dal suo essere e rimanere fedele a se stesso, anche se è difficile. La sessualità è difficile, il loro dovere di artisti è difficile.

Il sesso è un modo per comprendere appieno il mondo; la fecondità spirituale è, del resto, legata alla fecondità corporea. Essere un artista non è nulla se non troviamo continue conferme di ciò che creiamo nel mondo reale, ad esempio il ricordo di molte notti di passione.

Rilke ritiene possibile che un giorno il mistero di tutti questi eventi possa essere svelato e che un poeta supremo possa riassumere l'esperienza universale di tutti gli amanti – un'esperienza che, per Rilke, è forse "la grande maternità", come la bellezza delle donne di tutte le età (e anche degli uomini nella loro capacità [pro]creativa) è nella loro maternità futura, presente o passata. L'avvento di questo sommo poeta è preparato ogni giorno da artisti solitari e illuminati.

LETTERA 6 (ROMA, 23 DICEMBRE 1903)

Rilke parla della solitudine come di uno stato favorevole all'introspezione e suggerisce a Kappus di essere, in quei momenti, attento a ciò che accade dentro di lui più che a ciò che lo circonda, anche se è difficile, perché ciò che accade nel profondo di lui è degno di tutta la sua attenzione. Questo approccio artistico deve avere la priorità su tutto, anche sulla preoccupazione di trovare il proprio posto nella società e nelle sue gerarchie. L'artista deve stare il più vicino possibile alle cose che lo riguardano veramente.

Rilke propone quindi una percezione di Dio come un essere perennemente futuro, un estremo e un ideale di creazione artistica il cui avvento è preparato dagli uomini di oggi e da tutte le cose belle che essi creano.

LETTERA 7 (ROMA, 14 MAGGIO 1904)

Per Rilke, il dovere artistico è inevitabilmente arduo, poiché l'artista affronta questioni difficili, come l'amore, di cui deve sottolineare l'unicità. Il vero amore è, a suo avviso, la prova definitiva: deve essere appreso e richiede un lavoro su se stessi in momenti di profonda solitudine per "diventare mondo per se stesso per amore dell'altro" (p. 54), il che rappresenta una sfida significativa.

Ma i giovani sono impazienti e ignorano tutte queste cose: vogliono beneficiare subito dell'amore. Questa incoscienza porta solo a perdite (in particolare della loro unicità) e a inganni. Si nascondono nelle onnipresenti convenzioni (matrimonio, separazione) che la società ha stabilito per loro. L'artista, tuttavia, rifiuta di nascondersi dietro queste comodità ed esplora l'amore non all'unisono ma come giustapposizione di due esseri solitari, sostenendone tutto il peso.

Sarebbe meglio considerare l'amore senza cliché o pregiudizi, ad esempio per quanto riguarda le donne. Rilke pensa che un giorno esse appariranno in tutta la loro unicità, non più semplicemente come il sesso opposto, e che le relazioni diventeranno allora molto più umane (amore da uomo a uomo e amore tra uomo e donna).

LETTERA 8 (BORGEBY GARD, FLADIE [SVEZIA], 12 AGOSTO 1904)

Per Rilke, i momenti di tristezza sono "momenti in cui qualcosa di nuovo è entrato in noi, qualcosa di sconosciuto" (p. 64) e in cui tutto in noi si ritira e tace. Questa cosa sconosciuta, che a volte svanisce prima ancora di poterla identificare, viene digerita e ci cambia impercettibilmente. È in questi momenti apparentemente banali che inizia il nostro futuro: è quindi nei momenti di tristezza che dobbiamo essere più attenti. Perché, se ci apriamo al cambiamento, all'ignoto, più tardi saremo più in armonia con noi stessi, quando saremo veramente cambiati. Il nostro futuro e il nostro destino sono quindi dentro di noi, non vengono dall'esterno.

Il destino dell'artista è quello di essere solo. E quando se ne rende conto, la sua reazione può essere estrema, ma è necessario viverla appieno per conoscersi al meglio. L'artista si trova quindi di fronte alle cose più inconcepibili, ma le analizza senza essere vigliacco e attribuire la responsabilità a un fenomeno esterno. Questa vigliaccheria degli uomini chiusi è, del resto, in parte responsabile della povertà delle relazioni umane: poiché le persone non vogliono conoscersi a fondo, non vivono appieno i loro rapporti, per paura che possa accadere qualcosa di imprevisto e potenzialmente pericoloso. Ma per Rilke l'ignoto non è una trappola, è semplicemente naturale e merita che impariamo ad amarlo. Dobbiamo amare le sfide e il pericolo, e non giudicarci quando ci sentiamo cambiare.

LETTERA 9 (FURUBORG, JONSERED [SVEZIA], 4 NOVEMBRE 1904)

Rilke riassume tutti i suoi consigli per aiutare Kappus a superare la difficoltà di conciliare la vita esteriore e quella interiore: tollerare pazientemente e ingenuamente credere e confidare in ciò che è difficile – in particolare la solitudine – e, soprattutto, lasciare che la vita accada. Deve accettare tutti i suoi sentimenti, perché non sono solo fugaci momenti di euforia, ma lo sollevano e lo rendono un essere più completo. Anche i dubbi possono essere utili se diventano consapevoli e critici.

Le *Lettere a un giovane poeta* comprendono, in totale, dieci risposte di Rilke a Kappus. La decima lettera (Parigi, 26 dicembre 1908) affronta elementi già presenti nelle lettere precedenti. Rilke si congeda da Kappus dicendo che spera che il suo soggiorno in montagna sia utile per la sua vita futura e ricordandogli che l'arte è un modo di vivere.

PROSPETTIVE DIVERSE

FRANZ XAVER KAPPUS

Studente dell'Accademia Militare di Vienna, Franz Kappus (1883-1966), giovane ufficiale cadetto, decide di scrivere a Rilke quando uno dei suoi professori, il precettore accademico Horacek, gli dice che è uno dei suoi ex allievi. Infatti, i genitori di Rilke lo avevano spinto a studiare in una scuola militare a Sankt Pölten, nella Bassa Austria, a partire dal 1885 (ovvero 17 anni prima della prima lettera di Kappus) per diventare ufficiale – Rilke, tuttavia, interruppe la sua formazione nel 1891 per motivi di salute.

Perciò nel 1902 Kappus iniziò il suo scambio epistolare con Rilke inviandogli le sue poesie e confidandosi con lui. Si trovò così in una situazione paragonabile a quella in cui si era trovato il suo corrispondente, avendo come futuro la prospettiva di una carriera militare e, d'altra parte, considerando seriamente la vita da poeta e ritenendo queste due carriere incompatibili.

Kappus intraprese la carriera militare e combatté nella prima guerra mondiale, vivendo poi della sua attività di giornalista e scrittore, ma non divenne mai un poeta come Rilke.

L'INFLUENZA DI RILKE

Appassionato d'arte, Rilke fu profondamente colpito da vari artisti, in particolare da Auguste Rodin e Jens Peter Jacobsen, che cita nelle sue lettere a Kappus.

Auguste Rodin

Rilke incontrò Rodin per la prima volta nel 1902. Avendo sposato l'anno prima Clara Westhoff, un'allieva dello scultore, aveva deciso di recarsi a Parigi per scrivere una monografia su di lui. Nel 1905-1906 Rilke divenne suo segretario, prima che un litigio causasse la distanza tra i due uomini.

Rodin era stato una sorta di guida spirituale per Rilke, che lo ammirava in lui:

- la sua vicinanza alla natura (in particolare nel suo processo creativo, che Rilke paragona alla crescita di un albero da un seme);
- la sua intima conoscenza di forme e suoni;
- la forza vitale della sua arte che rende qualsiasi cosa bella, viva e sostenibile senza che il soggetto abbia davvero importanza;
- la certezza dello scultore, interamente dedicata alla sua arte.

Qui troviamo gli elementi che Rilke, assumendo il ruolo di guida spirituale, cerca di trasmettere al suo giovane discepolo, Kappus.

Jens Peter Jacobsen

L'entusiasmo con cui Rilke parla dello scrittore realista danese Jens Peter Jacobsen nelle *Lettere a un giovane poeta* è indice di una profonda ammirazione. Jacobsen è uno degli autori – se non il principale – che più influenzano Rilke. Le novelle *Mogens e altri racconti* e *There Should Have Been Roses* e, soprattutto, il romanzo *Niels Lyhne* lo commossero a tal punto da non potersene più separare e da ispirarlo fortemente per la stesura del proprio romanzo, *I quaderni di Malte Laurids Brigge*. Rilke esaltò le virtù di Jacobsen, tanto nelle lettere alla moglie Clara quanto in quelle indirizzate al suo caro amico Lou Andreas-Salomé. Riconosceva volentieri ciò che doveva a questo poeta eccezionale, un'influenza significativa su tutto il suo sviluppo.

Rilke si meraviglia della profonda veridicità degli scritti di Jacobsen e condivide le sue idee sulla solitudine come parte integrante della vita umana e sul fatto che la morte è già presente fin dall'inizio della vita di ognuno, in modo diverso per tutti (pensiamo all'idea di un destino dentro di noi fin dall'inizio, esposta nella Lettera 8). Gli stili dei due scrittori sono vicini per la precisione, l'emozione e il desiderio di ricostruire la vita attraverso i loro testi.

POESIA ASSOLUTA

Non è difficile notare, nelle *Lettere a un giovane poeta*, quanto Rilke dia importanza all'arte e alla poesia: per lui è uno stile di vita e una scelta personale che richiede una dedizione totale. In questo senso, possiamo paragonarlo ad altri poeti "di fine secolo" – come Stéphane Mallarmé (1842-1898), Arthur

Rimbaud (1854-1891) o Stefan George (1868-1933) – che furono anch'essi, ciascuno a suo modo, scrittori di poesia assoluta. Mallarmé, ad esempio, intraprese un lavoro meticoloso sul linguaggio, mentre Rilke preferì affidarsi all'ispirazione.

Questa poesia consiste nel riflettere il mondo come viene visto attraverso una potente soggettività che l'artista deve esplorare (come guardare dentro di sé, di cui Rilke parla nella Lettera 1) in modo rigoroso e disciplinato. L'atto poetico è considerato autonomo: non è necessario utilizzare ideologie che si riferiscono ad altre sfere dell'attività umana. Attraverso la soggettività, l'arte rivela (o meglio, suggerisce) una dimensione inaspettata, il funzionamento segreto del mondo e dell'esistenza. Per questo motivo la poesia assoluta è generalmente associata al movimento simbolista, sviluppatosi alla fine del XIX secolo, di cui le caratteristiche principali sono:

- il desiderio di collegare un'idea astratta all'immagine che l'artista associa ad essa, un'immagine che vuole dare un'idea semplicemente alludendo ad essa (diventando così un simbolo);

- l'esplorazione dei misteri del mondo attraverso l'interiorità, la soggettività e la cooperazione in tutti i sensi;

- la ricerca formale per esprimere al meglio l'idea astratta.

La poesia assoluta si manifesta spesso a partire dal misticismo personale, dalla ricerca di qualcosa di assoluto. La missione del poeta è quella di scoprire il mondo e se stesso attraverso una ricerca estetica, indipendentemente dalle comodità, dalle convenzioni e dalle aspettative del pubblico.

ANALISI

IL RAPPORTO TRA MAESTRO E DISCEPOLO

È una nozione che potremmo facilmente ignorare perché sembra evidente e che invece, nel contesto di *Lettere a un giovane poeta*, non è particolarmente ovvia: significa che il giovane poeta non è artisticamente uguale al suo corrispondente.

Kappus (19 anni nel 1902) ammira Rilke (sette anni più anziano) che, dal canto suo, ha già iniziato a farsi un nome come poeta. Solo quando viene a conoscenza di un legame reciproco (il professor Horacek) tra lui e questo stimato autore, Kappus decide di scrivergli per chiedergli un parere su alcune sue poesie e sollecitarne il consiglio. Riconosce quindi il valore della differenza di età (nonostante sia minima) e dell'esperienza, e naturalmente assume una posizione subordinata rispetto a Rilke.

Rilke ha idee che non coincidono con quelle di Kappus. Inizia quindi a correggere le opinioni del suo corrispondente e a trasmettergli notizie, il che sembra paradossale: Rilke sembra così rifiutare il ruolo di maestro che Kappus vuole implicitamente fargli assumere. Egli chiede aiuto e fa appello alla sua esperienza, e Rilke risponde che nessuno può aiutarlo, deve usare la propria esperienza e non deve preoccuparsi delle opinioni esterne. Dovrebbe, invece, assumersi il dovere personale di guardare dentro di sé. "E se da questo rivolgimento verso l'interno, da questo assorbimento nel proprio mondo nascono dei versi, allora non ti verrà in mente di chiedere a nessuno se sono buoni versi" (p. 20).

C'è, tuttavia, un'inevitabile dimensione didattica, poiché Rilke usa un tono magistrale, infiltrato da una certa superiorità implicita, per dare maggiore impatto a ciò che dice, che sono tratti di un maestro che trasmette il suo sapere. In un certo senso, quindi, utilizza una sorta di autorità che rifiuta, ma che lo aiuta a trasmettere i suoi insegnamenti. Invita Kappus a considerare la creazione come un'esperienza personale e allo stesso tempo gli chiede di fare esattamente come ha fatto lui.

Questi paradossi sollevano la questione dell'incomunicabilità dell'arte e della legittimità del rapporto tra maestro e discepolo: se l'arte nasce da un approccio altamente personale, dobbiamo insegnarla? Dove si ferma il consiglio e inizia l'insegnamento? Queste domande sono rese ancora più complesse quando tra le persone coinvolte si instaura naturalmente un rapporto di autorità.

LA CREAZIONE, SECONDO RILKE

Lettere a un giovane poeta contiene preziosi approfondimenti sulle idee artistiche di Rilke e descrive quali sono per Kappus le nozioni fondamentali dell'essere creatore. Queste coprono l'intero processo artistico:

- L'esperienza della bellezza. L'artista sperimenta la bellezza in tutta la sua dettagliata complessità e unità armonica. È quindi colto di sorpresa perché, al massimo, può prepararsi ad essa e predisporre le condizioni del suo arrivo (grazie alla pazienza, alla solitudine e all'apertura), ma non è in grado di incitarla.

- Sincerità soggettiva. Quando Rilke chiede al giovane poeta di accettare tutto ciò che è dentro di lui, si tratta di un'esperienza personale della bellezza, qualunque sia il suo soggetto e qualunque siano le sue impressioni. Se queste ultime sono state rese più autentiche attraverso la pazienza (poiché l'artista non cerca di innescare il suo incontro con la bellezza) e la solitudine, che significa allontanarsi e rinunciare alla familiarità di un oggetto per avvicinarsi ad esso in modo diverso e più intimo (poiché non si tratta di un semplice atto di imitazione, ma di una ricerca della sostanza di un oggetto così come viene visto dall'artista), allora, aprendosi a questa diversa esperienza della bellezza, sarà in grado di creare un'opera più veritiera.

- Difficoltà. Sembra paradossale doversi sforzare per fare qualcosa che dovrebbe venire naturale. Tuttavia, c'è una grande difficoltà nello scrivere, sia nell'approccio, nel lavoro solitario che significa essere attenti alle cose, sia nel ricevere queste cose, che vengono affrontate in modo così diverso. Scrivere è un incontro con un sé sconosciuto, sorprendente, persino preoccupante.

- Amore e maternità. L'arte è paragonata a un amore carico: è un amore creativo che si avvicina alla sessualità, percepito come l'incontro di due solitudini, le singolarità dei due amanti. Metaforicamente parlando, nell'arte queste due solitudini diventano quella del soggetto e quella dell'artista. Esiste quindi una significativa somiglianza tra la creazione artistica e la maternità.

- Eternità. La bellezza come impressione, reazione dei sentimenti profondi e unici dell'artista, è effimera. Il dovere creativo dell'artista è quello di ricostruirla nella rappresentazione dell'oggetto a cui si riferisce (concreto o sotto forma di memoria), di stabilizzarla e quindi di farla durare.

- Arte e vita. Far durare l'opera significa anche mantenere la sua parte incontrollabile, indescrivibile, intangibile, che trabocca dall'oggetto come dalla sua rappresentazione, e che dà misteriosa realtà alla bellezza e all'opera. È in questo momento che l'opera prende vita, sia che si tratti di rendere o creare la vita, sia che si tratti di estendere la natura come abbondanza inesauribile. Per questo è importante l'apertura, l'accettazione senza riserve di ciò che si offre, anche se sembra insignificante o rivoltante. Rilke ritiene che questo sia l'unico modo valido per creare.

LEZIONI D'ARTE E LEZIONI DI VITA

Cosa sono esattamente le *Lettere a un giovane poeta*? Sono davvero dei semplici consigli? In teoria sì: un giovane ansioso di fronte a un'importante scelta di vita chiede a Rilke se può diventare o meno un poeta, e Rilke risponde dicendo che il bisogno profondo di scrivere è una condizione essenziale per diventare poeta e che, senza di esso, le difficoltà del creatore non possono essere superate. Questa è certamente una risposta soddisfacente, tuttavia, quando Kappus chiede un consiglio sulle sue poesie, Rilke elude la domanda, affermando che solo l'opinione dell'artista conta quando si tratta del proprio lavoro. "Cosa ne pensi?" chiede Kappus; "No, cosa ne pensi tu?" ribatte Rilke.

Sebbene Kappus avesse apparentemente sperato di ricevere consigli concreti per migliorare la sua capacità poetica, Rilke gli dà spunti di riflessione e gli offre la sua esperienza di atteggiamento verso l'arte. È questo che rende le *Lettere a un giovane poeta* così insolite: le lettere sembrano voler mostrare un modo di essere e di creare piuttosto che dei metodi precisi. Sono quindi accessibili a tutti e i consigli di Rilke diventano quasi universali. Potremmo anche credere che Rilke, dimenticando Kappus, abbia colto l'occasione che gli veniva offerta per esprimere le sue idee e le sue concezioni dell'arte proprio come farebbe in un saggio di letteratura.

L'importante, tuttavia, è che esponga le sue idee (e non il motivo per cui le espone), che Kappus rifletta su di esse e che faccia tutto il possibile per seguire i suoi consigli. Si tratta quindi di una lezione, ma non di un insegnamento tecnico. Potremmo quindi trasformare le parole di Rilke in linee guida generali che possiamo semplificare ed elencare così:

- la solitudine come condizione di lavoro;

- la natura, la vita e la profondità dell'io come soggetti;

- pazienza e crescita come processo naturale di creazione;

- l'unicità dell'artista e dell'opera come principio creativo;

- apertura al mondo e a se stessi, senza riserve e con metodo;

- assumere su di sé la difficoltà della creazione, la solitudine e l'apertura come condizione di accesso alla grandezza poetica.

Ma questo significherebbe quasi costringere i concetti a rientrare in categorie che, nel complesso, sono troppo rigide e accademiche; sebbene ci sia del vero in questa classificazione, non è molto adatta. Per Rilke, l'arte non è mai coerente: si basa sia sulla spontaneità che sulla ricchezza della natura. Rifiuta la critica, ad esempio, perché è un approccio essenzialmente semplicistico che rende l'opera banale e la immobilizza, mentre, in realtà, dice sempre molto di più di quanto si possa vedere.

Le *Lettere a un giovane poeta*, nella misura in cui espongono idee sull'arte e sulla sua pratica senza considerazioni tecniche, sono più una lezione di vita che un corso d'arte. Più precisamente, considerando il modo in cui, per Rilke, l'arte e la vita sono legate, potremmo dire che si tratta di un invito a seguire una fondata arte di vivere – sia nel modo di creare (come la metafora della gravidanza e della maternità, Lettera 4) sia in ciò che ricreiamo – nella natura, nella vita, tutto deve essere vissuto e sperimentato pienamente.

ULTERIORI RIFLESSIONI

ALCUNE DOMANDE SU CUI RIFLETTERE...

- Pensa che sia giustificata l'importanza che Rilke dà all'interiorità, attraverso la quale dobbiamo arrivare ad amare i nostri difetti?

- Quali caratteristiche di Rodin e Jacobsen si ritrovano nel modo di pensare di Rilke? Spiegare.

- Commentare l'affermazione di Rilke "siamo soli" (Lettera 8).

- Fornite esempi di brani in cui il tono di Rilke sembra autorevole. A suo parere, è intenzionale?

- Pensate che le risposte di Rilke siano adeguate? Pensate che egli sapesse come placare le preoccupazioni del giovane Kappus o, come Rilke, ne dubitate?

- Qual è la sua opinione personale sull'insegnamento dell'arte? Secondo lei, l'arte può essere insegnata? Fornite le ragioni della vostra risposta.

- Uno dei principali obiettivi del movimento simbolista è quello di alludere a una realtà segreta che solo l'unione della mente e dei sensi può percepire. Quali sezioni di *Lettere a un giovane poeta* vi fanno pensare a questo ideale?

- Sebbene condividano il concetto di autonomia dell'arte, dobbiamo distinguere tra la poesia assoluta e il decadentismo di Oscar Wilde (scrittore irlandese, 1854-1900), tra gli altri. Utilizzando *Il ritratto di Dorian Gray* di quest'ultimo e *Lettere a un giovane poeta*, confrontate i due movimenti.

- Sotto quale genere letterario collocherebbe quest'opera?

ULTERIORI LETTURE

EDIZIONE DI RIFERIMENTO

Rilke, R. (2004) *Lettere a un giovane poeta*. Trans. Herter Norton, M. D. New York: Norton.

STUDI DI RIFERIMENTO

Ughetto A. et al. (1993) *Rilke*. Lettres à un jeune poète. *L'opera d'arte*. Parigi: Ellipses.

Vogliamo sapere da voi!
Lasciate un commento sulla vostra biblioteca online
e condividete i vostri libri preferiti sui social media!

www.50minutes.com

Master ISBN: 9782808690454
ISBN cartaceo: 9782808611855
Deposito legale: D/2023/12603/1465

Copertura: © Primento

Concezione digitale a cura di Primento, il partner digitale degli editori.